사랑을 관측하는 중입니다

사랑을 관측하는 중입니다
우주의 품에서, 너의 첫 공전에 보내는 답시

초 판 1쇄 2025년 07월 24일

지은이 우담
펴낸이 류종렬

펴낸곳 미다스북스
본부장 임종익
편집장 이다경, 김가영
디자인 임인영, 윤가희
책임진행 김요섭, 이예나, 안채원, 김은진

등록 2001년 3월 21일 제2001-000040호
주소 서울시 마포구 양화로 133 서교타워 711호
전화 02) 322-7802~3
팩스 02) 6007-1845
블로그 http://blog.naver.com/midasbooks
전자주소 midasbooks@hanmail.net
페이스북 https://www.facebook.com/midasbooks425
인스타그램 https://www.instagram.com/midasbooks

© 우담, 미다스북스 2025, *Printed in Korea*.

ISBN 979-11-7355-323-3 03810

값 17,500원

※ 파본은 구입하신 서점에서 교환해드립니다.
※ 이 책에 실린 모든 콘텐츠는 미다스북스가 저작권자와의 계약에 따라 발행한 것이므로 인용하시거나 참고하실 경우 반드시 본사의 허락을 받으셔야 합니다.

미다스북스는 다음세대에게 필요한 지혜와 교양을 생각합니다.

사랑을 관측하는 중입니다
우담 시집

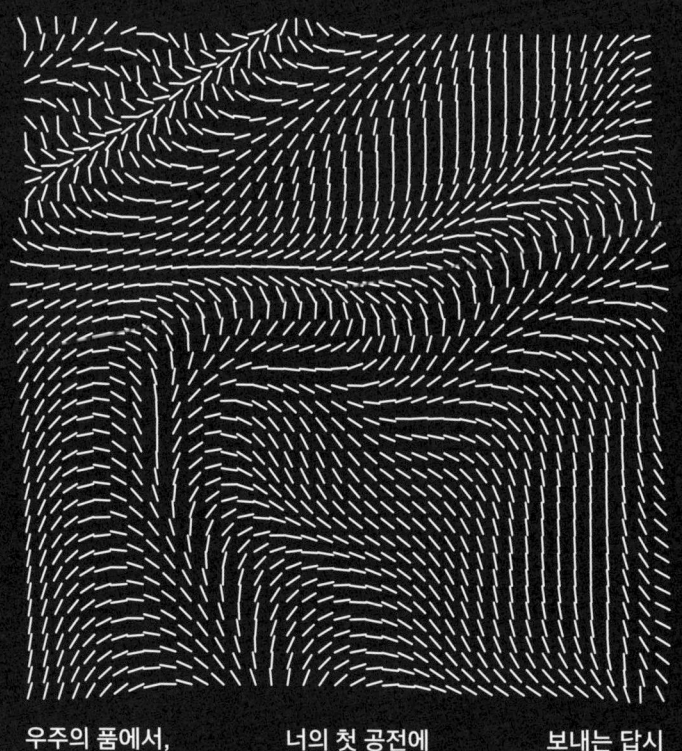

우주의 품에서, 너의 첫 공전에 보내는 답시

" 이 시집을 엮으며
  내 인생의 가장 빛났던 원석 하나를
  조용히 다듬어, 세상에 보냅니다. "

이 시는 사랑을 믿어보게 했던 그의 시에 대한,
저의 뒤늦은 답시입니다.

언젠가 그가 말했습니다.
'지구가 태양 주위를 돌다
가끔 멀어질 때가 있지만,
계속 돌고 있는 것처럼…
나는 너를 사랑해'

그 기억 하나에서
저의 '우주의 꿈'이 태어났습니다.

작가의 말 ··· 12
프롤로그 ··· 16

1부
궤도의 뒤틀림
: 모든 균열엔 전조증상이 나타난다

사막 ··· 23
나의 별아 ··· 24
상사병 ··· 27
살다 보면 ··· 28
믿음과 불안의 추 ··· 30
슈뢰딩거의 고양이는 내가 죽였어 ··· 31
커피, 연보라색 양말, 그리고 립글로스 ··· 32
호수 앞에서 ··· 35
몰래카메라 ··· 37
느린편지가 너에게 닿기까지 ··· 39
사랑의 양자상태 ··· 41
우주의 품 ··· 42
속도값의 감정학 ··· 44
너의 주기 ··· 48
만나면 주려고 ··· 49
개기일식 ··· 51
멍 ··· 52

2부
과거 시(時)의 잔광
: 너는 나의, 여름, 가을, 겨울 그리고···

단풍국에서 온 여자와 단풍을 말하던 남자 ··· 55
꿈의 숲 소나타 ··· 57
알림 메시지 ··· 59
심장이 터지는 줄 ··· 60
그냥 너랑 노는 게 좋아 ··· 61
클래식을 좋아하는 내가 산 첫 재즈 ··· 62
당신과 있으면 나는 ··· 64
사랑하는 여자의 초점 ··· 65
진달래 화전 ··· 67
화성인 나이 ··· 68
두 개의 태양 ··· 69
그저 안다 ··· 71
가시가 나 있어도 안아줄게 ··· 72
장금이가 꿈이었던 소녀 ··· 73
매화도 ··· 75
꽃이라도 적실 텐데 ··· 77

3부
관측 결과

: 고요한 사유의 품 안에서, 나를 껴안다

신라의 미소 … 81
오래된 정 … 82
명란 주먹밥 … 83
화가의 자화상 … 84
장조인들 어떠하리, 단조인들 어떠하리 … 86
주기율표 … 91
상처와 연대에 대하여 … 93
고양이의 위로 … 94
사랑의 열역학에 관하여 … 96
소녀의 다락방 … 103
시인의 열세 살 … 107
용서란 무엇일까 … 112
결어긋남과 흰나비 … 114
전자들의 도망 … 116
진라리로 가는 기차 안에서 … 117
계절의 경계가 시가 되기까지 … 120
나는 글을 쓸 때 … 122
그래도 넌 아프지 말지 … 125

4부
태양은 빛을 잃지 않고서

: 나로 돌아오는 길

무제 … 129
기꺼운 용기 … 130
단풍을 덮은 이른 눈에 … 131
혼자 멘 멍에 … 132
이별의 역병을 충실히 앓는 법 … 134
황금률 아홉 그릇 … 136
벚꽃에 내린 우박 … 138
아, 이것은 진자 운동 … 139
시인의 이별 … 142
덤벼라 파도야 … 144
아름다운 너를 보러 … 145
나는 주연도 조연도 아닌 너를 … 146
정말 좋아했던 계절 … 148
헤어진 연인의 데이트 … 150
오늘 키링을 사러 들어왔어 … 151
덕수궁 벚꽃 아래서 … 153
다디단 … 154
이상향 - 버드나무의 품 … 156

너를 침투한 불순물이 가라앉을
　때까지 … 157

5부
마음의 탄성(彈性)
: 원이 아니어도 돼, 타원인 너를 사랑하니까

파란 … 161
흰나비효과 … 163
가지에 매단 눈물사귀 … 165
Variation: 우주의 품으로 들어
　오는 별들에 대하여 … 168
홀씨 … 170
너는 빛이오 … 173

잔향 … 175

에필로그 … 176
시인의 노트 … 178

작가의 말

나는 감정의 미세한 떨림을 오래 바라보는 사람입니다.

삶의 표면을 스쳐 지나가는 파동들이 언젠가 문장이 될 것을 알기에,
그 결을 붙잡아 시로 기록해왔습니다.
시는 저에게 단순한 표현이 아니라,
사유의 리듬이고 감정의 구조이며, 기억의 품이었습니다.

단풍나무 아래서, 사선의 햇살이 드는 창가에서,
수업 종이 울리기 직전의 고요한 교실에서―
언제나 마음속 어딘가에 떠오르는 단어를 쓰고 있었습니다.

저는 자주 스스로에게 묻습니다.

'내가 이 감정을 느끼는 것이 맞나?'

그러나 결국 저를 가장 정확하게 드러내는 언어는 시였습니다.

무표정한 일상 속에서 감정이 솟구칠 때,

그것을 시로 데우고, 냉각시키고, 정제하여

다시 저 자신에게 되돌리는 방식.

그렇게 하면, 조금은 더 살 만해지더군요.

오래된 것에 경외를 느끼고,

보이지 않는 질서에 끌리며,

시대를 가로지르는 감정에 귀를 기울입니다.

과학과 음악, 전통과 현대, 고전과 일상의 언어들이

제 안에서 하나의 정서로 이어집니다.

그래서 이 시집은 단순한 감정의 전시가 아닙니다.

사랑과 이별 이후의 감정이 어떤 궤도를 그리고,

그 궤도 위에서 사랑은 어떻게 관측되는지를

시간, 온도, 속도 같은 물리적 개념과 현대적 언어로 풀어낸

작은 감정 실험이며,

누군가를 잃은 이들을 위한 처방전입니다.

『사랑을 관측하는 중입니다』는

한 사람과의 기억을 단순히 기억에 남기지 않고,

꼭꼭 씹어 소화시켜 체하지 않으려,

결국 그 모든 것을 품은 나 자신으로

되돌아오기 위해 써 내려간 시의 모음입니다.

그 시절의 마음은 에너지 보존의 법칙에 따라

오래된 우주의 품 어딘가에 남듯,

이 책의 언어 또한 궤도를 돌고 돌아

누군가의 마음에 안착하게 되기를 바랍니다.

* 일러두기

시 제목에 덧붙인 '+' 표시가 있는 시집 뒤 부록에 시인의 노트가 함께 담겨 있습니다. 시를 조금 더 깊이, 그리고 맛있게 음미하실 수 있도록 준비해 두었어요. 또한, 일부 시에는 정서적 흐름을 이어주는 '작은 서문'과 '작은 끝말'이 함께 실려 있어, 하나의 이야기처럼 읽히길 바라는 마음을 담았습니다.

프롤로그

「꿈의 숲 소나타」의 전주곡

그도 그럴 것이,
이 세상 모든 사랑의 언어에 음악이 없다면
무슨 향이 날 것이며, 무슨 색이 덧입혀질 수 있을까요.
봄이 가진 상징성은 어쩌면,
사랑의 시작이라는 찰나의 기지개일지도요.

그 밤, 나지막이 불렀던 그 날의 소나타가
이리도 금세 피었다가 떨어질 줄은 몰랐습니다
한때 흐드러지게 하늘을 메웠던,

연인의 약속들과 수다들은

흩날리며 떨어져 내려와

새 계절을 준비합니다.

그 팔랑거리는 지난 사랑의 흔적도

한 잎 한 잎 들여다보면,

온전히 예쁜 것, 흠집 난 것,

찢긴 상처 또한 섞여 있지만—

그 안에서 더 푸른 여름을 기다릴 용기를 얻곤 합니다.

이 소나타는,

그 여정의 가장 사랑스러운 전주곡입니다.

2악장 속 누군가의 대사에

당신만의 기억을 살짝 포개어 보시길.

"꿈의 숲 소나타"

그 첫 음표를, 당신에게 건넵니다.

아, 그 전에요—
저의 사랑이 어떻게 시작되었는지 먼저 들려드릴까요?

어느 여름,
따뜻한 목소리 하나가 무더운 계절을 식혀주었습니다.
그 음색은 어느 아이스크림보다 달콤했고,
그 어떤 카페인보다 더 심장을 두근거리게 했지요.

어느 가을,
잔잔한 기타 소리와 함께 다정한 말들이 흐르던 날이 있었고,
손끝으로 전해지던 감정의 진동은
그 계절의 바람보다 더 선명했지요.

어느 겨울,
얼어붙은 골목을 내려오던 길,
내 뒷모습에 닿았던 한 마디—
"내가 뒤에 있어."
넘어진 건 발이 아니라 마음이었음을,

지금도 기억합니다.

어느 봄,

별들과 입자의 이야기를 나누며

지구의 공전처럼, 감정의 궤도를 따라

휴대폰이 뜨거워져라

하루를 밤새워 이야기한 적도 있었지요.

그리고,

어느 5월의 새벽에 도착한 한 편의 시.

만날 수 없던 시간 동안

한없이 다정하고도 다정했던….

그 시에 응답하는 마음으로,

저의 언어들을 궤도에 올리기 시작했습니다.

궤도의 뒤틀림

: 모든 균열엔 전조증상이 나타난다

1부

"때론 글이 술보다 낫다고 봐, 가성비가 좋거든."

극심한 그리움을 겪어본 사람은 안다.
그게 얼마나 속을 태우고, 피를 말리고, 눈앞을 어지럽히는지를.
멀쩡한 사람을 조금씩 미치게 만드는지를.

그래서 우리는 홀로 매화를 그리고, 사막을 걷고, 병을 얻어도,
다만 믿고, 이해하고, 관망하며
시를 마신다.

사막

너는 참 다정한 사람이다
평소와 다른 나를 세심히도 느낀다

딱 그만큼만 주고 가는구나,
지쳐 쓰러지지 않을 정도만

메마른 사막 뙤약볕 아래
한 줌의 그늘, 한 손의 비를

너의 힘듦은 혼자 곱씹은 채
그저 목구멍으로 삼킨 채

물병에 있는 한 방울 아껴
나에게 건네는구나

다디단 너의 약속에
마음이 촉촉이 적신다

나의 별아

*"추운 지역의 나무와
물 마른 곳의 나무들은
잎이 뾰족한 침엽수가 된대"*

나의 별아,

가끔 너의 빛이
구름에 가려 보이지 않아
그럼 헤매고 지쳐서

여기가 맞나
저기가 맞나

문득 몸이 무거워 고개를 들면
온 하늘이 잿빛이라
비가 올는지 습기도 가득해

네가 없는 길 위의 난
빛을 잃은 여행자처럼 막막하고

너의 품이 목마른 난
선인장처럼 가시가 돋지만

사실 날씨가 잠시 흐린 거지
구름 뒤 하늘은 맑은 것처럼

너는 저기서 밝게 빛나며
기다리고 있으니까

나를 사랑해 주고
그리워해 주고 있으니까

내 몸에 가시가 나 있어도
꼬옥, 안아준댔으니까

언젠가 네가 길을 잃을 때
나눠줄 빛을 차곡차곡 모아둘게

그때는 내가,
너의 별이 되어줄게

상사병

정말 지독도 하지
골골대서 병원에 가도
약이 없다 손사래를 치고

뜬 눈에 벗을 찾아도
웃어넘기니 정말 지독한 병이다
있다 말하지도 못하고

약은 따로 있는데
어딨는지 알면서도
구하기가 하늘의 별 따기구나

살다 보면

살다 보면,
인생은 늘 우상향도, 코사인도 아니야,

예상치 못한 기울기를 만나
험준한 산을 기어오르고

낭떠러지에서 굴러
인생 값이 Y축의 0점 위로 올라가길
하염없이 올려다보기도 해

빨리 걷는 연인에게
걸음 폭이 왜 이리 넓냐 심통이 나
나의 기울기에 맞춰달라 떼쓰기도 하지

그래도 디딘 발이 네 개라
볕 드는 냇가에서 서로를 덜어준
고마운 발도 주물러 줄 수 있어

하나보다 둘이 낫다고
우리 발 앞에 등불과 함께해 온 호흡이
우리를 도와줄 거야

험준하고도 가파른 3차원의 굴곡들이
더 높은 차원에선 단순한
그저 얇디얇은 선 하나일지도 몰라

그러니 말이야,
나를 잡고 있는 손에 힘을 조금만 더 줄래?
전처럼 내 눈을 바라봐 줄래…

믿음과 불안의 추

오른쪽엔 믿음의 접시
왼쪽엔 불안의 접시

오른쪽에 연락 열 알,
미래 대화 한 움큼
불안이 가벼워진다

왼쪽에 연락 반 톨,
막막한 잠수 한 줌
믿음이 가벼워진다

어느 접시에 무엇을 올릴지는
우리에게 달려 있다

슈뢰딩거의 고양이는 내가 죽였어 [+]

내가 열어보지 않았을 땐
너는 떠난 것도, 머무른 것도
나를 사랑하지 않은 것도, 사랑한 것도
아니었다

내가 굳이 상자를 열어본 순간
너는 죽었으며
내가 굳이 네 목소리를 들은 순간
너는 떠났다

그 애매한 중첩 상태를
견디지 못한 나는 그만,

고양이를 죽여버렸다

커피, 연보라색 양말, 그리고 립글로스

단정한 셔츠와 재킷을 걸치고
누가 봐도 멀쩡히 사는 사람처럼
키보드를 성의껏 두드리며 생각한다

'어차피 시들 거 꽃은 왜 사며,
어차피 떠날 거 약속은 왜 하며'

이런 비생산적인 일들을 하면서
효율! 효율! 을 외치는 나, 참 가소롭다
퉁퉁 부은 눈으로 툴툴 키보드를 두드린다

'어차피 먹을 거 이는 왜 닦고,
어차피 화장실 갈 거 먹긴 왜 먹고!'

사시나무 떨리듯 툴툴대는 책상 밑 발에는
가장 좋아하는 연보라색 양말을 신겼다
입술엔 나름 좋아하는 딸기 립글로스도 바르고

'커피 한잔하시죠'

그래, 나가자
아이스 아메리카노 한 잔 들이켜면 되겠지
그래도 커피 마시자는 말은 꽤나 따뜻하다

'나쁜 놈이에요'
'과장님 같은 좋은 사람을 이렇게 울리다니요'
'이런 사람 몰라보는 그 사람이 등신이죠!'

아, 감동인가, 어지러움인가
얼음 따라 심장박동이 얼어붙는다
남이 사줘서 아무거나 싼 걸로 골랐다
카페인이 안 받아 원래 커피 안 마시는데

오늘 잠 다 잤다
잘됐어 정말
세상 쓸데없이 꿈은 안 꾸고 싶었는데

아무리 예쁜 양말을 골라 신고
아무리 립글로스를 발라보아도
그게 티는 나나 보다

사랑을 간축하는 중입니다

호수 앞에서

호수를 건너기 위해
두 사람은 나란히 앉아 가늠해 보기로 한다

한 사람이 입을 뗀다
'끝이 보이지 않아, 너무 어두워'

다른 한 사람이 대답한다
'몸에 힘을 빼면 물에 뜰 수 있을 거야'

그러자 다시 대답이 들려온다
'굳이 내 몸에 물을 묻히고 싶지 않아'

그래서 다른 사람이 말했다
'내가 업어줄게, 걱정하지 마!'

그러자 다시 말소리가 들려온다
'네가 가라앉을 거야, 싫어'

그리고, 읊조림이 들린다
'차라리 처음부터 건널 마음이 없다 말을 하지'

몰래카메라

아직도 믿을 수가 없어
아직도 받아들여지지 않아

"자기야~ 몰래카메라야!
미안해… 힘들었지 내사랑"

하고 달려와서 안아주고
고생했다고 토닥여줄 것만 같아

그러면 나는 못 이기는 척
몇 번 툴툴대고 토라져 있다가
받아줄 수 있는데
그럴 수 있는데

얼마나 힘들었으면 그렇게
허무하게 놓아버렸을까

누구보다 유쾌하게 웃어넘겨 줄 텐데
이 모든 게 트루먼쇼라면…

느린편지가 너에게 닿기까지

쓰는 행위에 대해서 생각해 본다
머릿속에 혼재한 말들을
먼저 생각으로 다독일 것인가
일단 펜을 잡고 뭐라도 끄적여 볼 것인가
종이나 펜 따윈 얼마든지 낭비할 수 있으니까

접는 행위에 대해서 생각해 본다
너에게 해주고 싶은 말을
봉투에 한가득 담아보려다
꼬깃꼬깃 어설피 접어 넣기 바빴다
조금 더 큰 봉투에 담으면 될 것을
못다 한 말들이 봉투 밖에 흩어져 있다

보내는 행위에 대해서도 생각해 본다
도대체 일 년이면 얼마나 느리게 가는 것일지
이 빼곡한 마음이 무사히 너의 우편함에 꽂힐지
그때면 우리가 얼마나 달라져 있을지

아무것도 모르고 내 손을 떠난 편지는 그저 웃으며 간다

혹시, 버려지진 않았니?

사랑의 양자상태 [+]

이 미세함이란,
지극히도 작고도 여려서
조그마한 콧숨에도
쉬이 깨져버리고 마는 너의

그 약하니 약한
미세함을 느끼고자
그 어떤 몸짓도 손짓도
절대영도를 벗어나지 못하는 나의

멈춘 숨을 들이마신 채
떨려오는 엄지의 말초신경만이
정적을 유지하려는 나의 의지에게
반기를 들고 일어서는 그런 상태

우주의 품 [+]

"사랑과 양자역학에 대하여—

사랑의 언어는, 관측되지 않으면
파동처럼 흐르기만 한다
하지만 유의하는 순간
입자처럼 뚜렷해지고,

그제야 우리는
'추억'이라는 시간대에 안착한다"

공전하던 시(詩)[*]는 파동으로 유영하다가
관측되는 순간 시(時)[**]의 입자는
빈 궤도 위에 조용히 깃든다

[*] 시(詩): 연인의 사랑어와 이별 후 남겨진 표현들
[**] 시(時): 사랑을 나누었던 시간, 이별의 과정

마치 본래의 자리였다는 듯이
광활한 우주를 헤매다
자신의 궤도를 되찾는 듯이
내 기억 속에 조용히 안착한다

함께 나아가던 행성 하나가 이탈했다고
태양은 그 빛을 잃지 않고
그 궤도는 여전히 열려 있다

궤도가 완벽한 원이 아니어도
중력이 잠시 약해져도
괜찮다. 아니, 괜찮지 않다.

그저, 기억이 따뜻하길
다만, 소멸하지 않길.
그래서 여전히 우주는 예쁘고
그 품은 진하다.

속도값의 감정학 [+]

1 초기 관측

마침내 시(詩)[*]가 관측되었다.
나는 그를 이탈한 행성에 비유했지만
그는 사실 이탈하지 않았음을
나는 알고 있다

그는 여전히 자신의 궤도 중심에
나를 계속 두고서
그저 궤도를 더 멀리 옮긴 채로
그대로 돌고 있음을

다만 더 타원형으로[**]

[*]   시(詩): 연인의 사랑어와 이별 후 남겨진 표현들
[**] 에너지 변화에 따라 궤도는 멀어진다는 케플러의 궤도 역학 개념을 은유화

2 이별의 요인

과거의 시(時)*의 잔광이
이제서야 시야에 이르니
멀어진 동선의 방향이 바야흐로 읽힌다

시선이란 소행성과의 충돌,
죄책과 자책이란 감정 변수들은
그의 속도값을 서서히 밀어 올렸다

딱 그만큼의 온기만 느껴질 거리로.

나의 애타는 간절함이
너의 가속도에 불을 붙이고 말았다
너는 감당할 수 없는 무게로 멀어져간다

나는 자전축을 잃고 말았다

* 시(時): 사랑을 나누었던 시간, 이별의 과정

3 관측 결과

이 지겹도록 질긴 중력,
그 사이를 여전히 흐르는 시(詩)들의 파동은
희미하게 감지되는 신호를 전해준다

그 가녀린 파동들이 빈 궤도 위를 서성이는 동안*
나는 네 시(詩)의 입자를 조용히 가슴으로 관측한다
빈 궤도를 깨뜨리지 않고서.

아! 신호의 진실을 마주한 자의 찢어짐은
태양의 심장처럼 타들어 가고
블랙홀의 중심처럼 아득해진다.

딱 그만큼의 온기만 느껴질 거리에서,

네 추운 세상에서
내 온기를 느껴야만 네가 살겠더냐

* 파동함수 붕괴 이후에도 에너지의 잔상이 존재하는 양자계의 특성을 감정에 대입

따뜻했던 네가 그립더냐

신호의 진실을 찾아 헤매지 않았더라면
내가 질문하고 또 질문하지 않았더라면,
내가 관측하지 않았더라면...!*

---

* 양자역학에서의 관측자가 시스템에 영향을 준다는 불확정성 원리와 "내가 너무 들여다봤기에 관계가 달라졌다"는 미셸푸코의 '판옵티콘'적 시선

너의 주기

달은 보름에 한 번
태양을 만나고

여자는 한 달에 한 번
먹성이 폭발하지

매월 초입에
나를 관측하고
다시 가다듬고
다시 관측하러 오는

너의 꾸준한 감정 주기를
내가 관측하며
오늘도 나는 안심하며 잠에 든다

하등 의미도 없다만

만나면 주려고

널 닮은 귀여운 판다 인형을 샀는데
날 닮은 귀여운 수달 인형도 샀는데

당근에 다 팔까 했는데
헌 옷 수거함에 다 넣어버렸어

너 좋아하는 거 해주려고
다 적어놨는데

함께 가고 싶었던 맛집들, 여행지들
다 적어놨는데

오래오래 같이 하고 싶은 거
다 적어놨는데

서로에게 좋은 사람 되어주자는 약속
지키고 싶었는데

우리, 같이 적었는데

다시 만나면
그리던 네 품에 안겨서 울고 싶었는데
너도, 나 안아주기로 했는데

개기일식

나의 마음에
딱 맞게 채워지는 그
기적 같은 일이 일어난 뒤
앞으로 삼백칠십년* 뒤에야
다시 나타나리라 믿고서

이런 드문 순간이
보는 이들의 눈을 아프게 하였으니
화염 같은 코로나를 겪은 우린
언젠가를 기약하며,
다시 만나리라

…삼백칠십년 뒤에야

* 특정 장소에서 개기일식이 관측될 평균 주기, 370년

멍

이 들어
하니
을 응시하다
청히 넘어져
울이 생겼다

—아야

과거 시(時)의 잔광

: 너는 나의, 여름, 가을, 겨울 그리고…

2부

"우리가 서로 품어줄 그릇이었을 때엔,
나는 너의 품에서 쉴 수 있었고,
너는 나의 품에서 말이 많아졌다."

단풍국에서 온 여자와 단풍을 말하던 남자

"그가 들려주는 단풍은 순수하고 귀엽고
하다못해 너무 소중해서
깨뜨리는 사람들을
내가 혼내주고 싶을 정도였다"

우리는 수련의 숲에 고립되었다
고독의 시간과 공간 속에서
우리만의 방식으로 회복과 수련의 시간을 거쳐왔다

"소중한 이를 지키려 하였으나
현실의 어둠에 깔려버린 너, 루미너스

유려한 날개와 고독의 고통을 입고
현실과 꿈의 경계에서 시를 쓰는 나, 루시드

이해받고 싶어 하는 외로운 존재들은

각자의 수련의 숲에서 본인의 길을 갈고 닦는다"

그가 들려주던 단풍 이야기들은
나를 짓누르지도, 재촉하지도 않는
내 옆에 마냥 머물러준 아늑함이었고
따뜻한 포옹이자 유쾌한 장난이었다

그가 재잘대며 건네는 단풍을
한 잎 한 잎 바구니에 모으며
그의 숲에 자리 잡고 수다 한잔하는 게
그 가을 우리의 티타임이었다

다른 세계에서 왔지만, 서로를 통해 자신을 알게 된,
단풍국에서 온 여자와 단풍을 말하던 남자는

그렇게,
친구가 되었다

꿈의 숲 소나타

1악장 | Innocente. 천진난만하게

통통 튀는 벚꽃이 눈동자에 가득한

단전에서 우러나는 웃음소리가

벚꽃보다 사랑스러운 그런 만남

2악장 | Giocoso. 익살스럽고 유쾌하게

같이 있으면 깨발랄 초딩도 됐다가

걸걸한 아저씨도 됐다가

웃느라 목이 쉬어버려 할부지가 되어버렸다

"나는 힘이 세다, 난 강하지!"

"나는 고양이!"

"집 주소를 불러줘"

"집 주소~"

"인간은 우주로 가고 싶어 하는 욕망이 있지"

"미래엔 우주 지도 앱이 나올 거야"

"3차원에 사는 우리는 우주를 이해할 수 없어"

"왜지?"

"웨지감자"

"?"

3악장 | Sotto voce. 속삭이듯 작게

봄꽃은 추위를 겪지 않으면 봉오리를 내지 않아

잊으려 하지 않아. 마음속에 품고 살기에,

다신 오지 않을 것 같았던 이 봄도

따뜻하게 웃으며 맞이할 수 있어

알림 메시지

좋아요 하트 하나에
심장이 쿵 하는 기분을 아나요?
말이 없이 보고만 가도
심장이 흔들리는 기분도 말이죠

말이 없는 공백에
내 심장이 쓴 상상이 빼곡해서
좋아요 하트 하나에
그날 하루 소설 뚝딱이어요

심장이 터지는 줄

쪼끄만한 게,
사실 저는 만만히 봤었어요
주먹만 한 게 위보다도 작다면서요

우리가 처음 손을 잡던 날
나는 그것이 터져버려서
나 이러다 죽나 싶었어요

그냥 너랑 노는 게 좋아

'빨리 보고 싶으면 말해'
그래서 빨리 보고 싶다고 말했지

어제랑 또 다르게
쿵

도대체 언제까지 두근거릴 거니
목구멍에 나비들이 날아다녀

떨어지지 않는 발을 비비며
어색하게 머뭇거리자

'가자, 데려다줄게.'
더 오래 봐서 좋았지 뭐야

클래식을 좋아하는 내가 산 첫 재즈

그 모든 긴가민가한 물음표들이
다 부질없는 비눗방울처럼
녹아들어 땀이 되었다
너의 손을 잡고 나니

선반 위 책들을 훑어본다
우리가 있는 곳이 서점인지, 꿈속인지,
다시, 언제 또 잡게 될까—
공기를 훑어본다

어쩌다 이 재즈 LP 판이
내 손에 들렸는지는
기억이 나지 않는다

사실 나는 재즈보단 클래식인 걸

그 초록빛,

아이같이 들떠 있던 너의 목소리인지
아님 그날 돌아가던 초록빛의
회전판인지

그날 쿵쿵 울려치던 게
멋모르고 집은 재즈의 드럼 소리인지
미친듯이 온몸을 돌던 내 심장의 혈액인지

아니면,
놓지 못했던 두 번째의
땀에 젖은 깍지 박동인지

당신과 있으면 나는

아이가 되어요
나는 어리광 부릴래요
나는 애교로 달래주세요
나는 배고플 때, 치킨이면 돼요

어른이 되어요
내가 대신 아플게요
내가 대신 힘들게요
나보다 큰 당신을 내가 지켜줄 거예요

누가 피가 물보다 진하다 했나요
피 없이도 소중해지니
그래서 당신과
0촌이 되고 싶어요

사랑하는 여자의 초점

사랑을 하는 순간,
그녀의 온 시야는 그 하나로 가득 찬다
H. 하나만 거대하게, 압도적으로

주변 풍경은 블러 처리된 듯 뭉개지고
아웃포커싱 되어 그녀의 렌즈에 담긴
H.라는 피사체만 또렷이도 선명하게

그녀의 눈동자는
눈에 꿀 바른 듯 단단히도
그에게로 달콤하게 묶여 있어

길을 걷다 돌을 못 봐 휘청
잡은 두 손에 따뜻한 온기
간질이는 손바닥의 손줄기

앞을 보긴 하는데 어느새
마냥 좋아라 옆을 보다
그의 품에 얼굴을 문지른다

"내가 그렇게 좋아?"
길 위의 세상 시끄러운 차 소리는 어디 가고
그의 목소리만 ASMR이다

진달래 화전

그런 게 아닐까
일주일 만에 피었다 지는 너와의 추억을
개중 가장 예쁜 순간을 고르고 골라
곱게 씻고 모양을 내어
화전을 만들고 맛으로 곱씹는 것은

너무나 아쉬운 거야
그냥 스치듯 보고 지나기엔
너와의 순간을 고르고 골라
그 향과 맛을 곱씹고 음미하며
두고두고 추억하고 싶은 것은

화성인 나이

언젠가 나누었지
화성에선 우리가 몇 살일지
기나긴 밤 수화기 너머로

지구의 일 년보다
약 2배 정도 긴 화성에선
지구 나이에서 반을 뚝 떼면

화성에선 우린
열여섯 열셋이라며
—영원히 살면 나이는 아무 의미 없는 거네!

한밤중에 나누었지
한껏 흥분 어린 목소리로
이런저런 이야기들을

두 개의 태양 †

너는 나를 태양이라 불렀다
네가 타원을 타고 공전하는 동안
내가 제자리에 있을 거라 믿어주었다

나는 너를 태양이라 여겼다
내가 휘청거릴 때 내 곁을 따스히 지켜주고
너의 침묵조차 내겐 온기이자 밝은 이정표였다

우리는 서로를 중심으로 서로를 돌고 있었다

너는 나를 중심으로
나는 너를 중심으로
라그랑주 궤도* 위에서 춤을 추고 있었다

나는 태양이라고 불릴 때조차
너를 나의 빛으로 여겼고

* 라그랑주 궤도: 지구와 태양 사이에서 중력의 균형을 이루는 지점

너는 나를 믿으며 공전할 때조차
너는 네 빛을 믿지 못하였다

두 개의 태양은 공존할 수 없다.

하지만 나는 너의 귀여움을 기억한다
'나 태양 안 할래'
그 말의 이름은 양보이고 사랑이었다

이로써 태양은 하나가 되었고
우주는 안정이 되었다

그저 안다

남몰래 꼭꼭 숨긴 마음 누가 볼까
자물쇠 걸어보고 매듭을 지어봐도
임 앞이면 하릴없이 속 알맹이 내보이네

날것이 쑥스러워 내숭을 떨고파도
어찌하여 울고 웃나 말없이도 읽어내니
밝은 별빛 아래 허무히도 벗겨지네

가시가 나 있어도 안아줄게

언제쯤 오시려나
지나간 시침과 초침은 가시 되어
나를 마구 찔러 댑니다

하다 하다 그대 닮은 신기루에
아닌 줄 알면서도 다가가다
메마른 모래만 뒤집어씁니다

"너무 보고 싶어서 몸에 가시가 돋는 것 같아"
"가시가 나 있어도 안아줄게"
"그래, 네가 안아주면 가시는 없어지겠지!"

그래요,
그대 품은 그런 품입니다

장금이가 꿈이었던 소녀

어릴 적 꿈이 장금이었답니다

학교 뒤뜰 쑥과 민들레
필통 옆에 잔뜩 빻아놓고
스테이플러로 침 만들고
혈 자리를 달달 외고
친구들 긴 줄 세워
관형찰색* 했더랬죠

스무 해 후 장금이가 되긴 했답니다

하루하루 대화창 속
카톡 맥박 꼬박 재고
소리 없는 드나듦과
호불호를 달달 외고

* **관형찰색**: 한의학의 망진법으로, 사람의 형체와 안색을 관찰하여 질병을 진단하는 것

프로필에 뭐가 떴나
관형찰색을 하니마니

신중하게 눈을 감고
맥을 짚고 혈을 외고
뭔가 내가 해볼 수 있을 거란
터무니없는 착각을 한 채

이건, 부맥*인가요?
마음이 붕 뜬 채로
카톡방 위에서 도통
가라앉지 못하고 있거든요

* 부맥: 손목 바깥쪽에서 느껴지는 위치가 얕고, 물에 떠 있는 듯한 느낌
  의 맥, 한의학에서 외적반응을 읽는 진단방식

매화도

짝지어 날아가는 까치가
소녀는 뭐 그리 부러운지
한참을 바라보다 붓을 듭니다

곱게 개어진 붉은 그리움이
소녀의 붓끝에서 홍매가 되어
한 송이씩 먹 가지에 매달립니다

창 너머 네 개의 날갯짓이
소녀의 그림 속에 날아들어
한 폭의 그리움을 달래줍니다

사랑을 관측하는 중입니다

꽃이라도 적실 텐데

이 맘은 여러 갈래여라
꽃이 되기도 새벽이슬이 되기도
하염없이 맴도는 구름이 되기도 하더라

그럼에도 이것이 제각각이라,
꽃은 늘 옆에 있어 심심하고
서리는 흔적 없이 사라져 애타고
구름은 그 멀리서 그리움으로 남기를 바라

코앞에 꽃보다 떠나간 구름만 기다리니
구름이 손안에 담겨야 꽃이라도 적실 텐데

관측 결과

: 고요한 사유의 품 안에서, 나를 껴안다

3부

"사랑이고 자시고 뭣이 중헌디.
나는 그저 밥이나 해 먹고, 고양이 똥이나 치고,
게으고 좀 타다가, 친구 분리 옛날 얘기나 하련다."

신라의 미소

그저 걷는다
천년 왕들의 무덤가를

파란 눈의 여행객들이
그저 와우를 외치는 사이

괜히 어깨춤이 올라가
신라의 미소를 지어본다

날이 더운 꼬맹이
아이스크림 사달라
어머니 바짓가랑이 붙잡고
울어 재끼는데

나도 어린아이가 되어
그립다, 보고 싶다,
실컷 울어 재끼고 싶다

오래된 정

다만 세월로 인하여
귀한 것이 되기도 한다

너무 오래 옆에 두어
이젠 차마 버릴 수 없는

그 오랜 세월 변함없이
조용히 자리를 지킨 마음이

둘도 없는 진주이고
둘도 없는 금덩이다

명란 주먹밥

거창하지 않고
부담스럽지 않고

그냥 맛있게 지은 밥에
툭툭 양념 발라 명란 하나 올렸을 뿐인데

숯불에 정성스럽게 구워 낸 밥은
그 온기가 오래도록 기억에 남는다

단출해도 정성스러운 만남이
그냥 참 좋다

화가의 자화상

"내 눈을 조금만 더 키울까"
"아, 턱은 좀 더 갸름하게 깎을까"

화가는 이렇게 중얼거리지 않는다.
자화상을 그릴 때 그는 그저,

머리끝과 턱끝을 삼등분하고
중심선에 코를 넣고
이마와 입을 삼등분하고
거울을 보며 그려낼 뿐이다

"아, 난 저렇게 생겼구나"
"내 귀는 여기에 있구나"

그저 관찰하고 기록한다
그저 바라보고 그려낸다
다른 생각은 필요하지 않다

여기는 성형외과가 아니니까

장조인들 어떠하리, 단조인들 어떠하리

세월이 흘러감에 따라
취향도 뚜렷해지고 나에 대해서도 더 알아간다
나도 계속 변하고 생각이 바뀌는데
하물며 타인에 대해 내가 판단할 수 있는 게 무엇인가?

저마다의 인생의 바위에 부딪혀
다듬어지고 모도 나고 모양이 끝없이 바뀔 텐데
내가 뭐라고 그 긴 곡의 짧은 마디 하나 겨우 들었다고
'이 곡은 이런 곡이다.' 정의를 내릴 것인가
바이올린이 땀 흘리며 경기하는 동안
호른이 잠시 숨 돌린다고 잔소리할 텐가?

어떤 곡이든 누가 듣느냐에 따라
감상도 해석도 연주도 달라지는데
하물며 몇십 년 되는 사람의 인생을
한마디만 듣고 어떻게 알 수 있을까
내가 들은 마디가

정신없이 휘몰아치는 Agitato Presto*의 악장이라고 해도
그 곡의 주 템포는 Adagio Romantico**일 수도 있는 것을.

있는 그대로, 들리는 대로 감상하자
어떻게 감상할지는 듣는 이의 자유지만
성급한 판단과 예단은
감상자 그릇의 크기와 어리석음만 드러낼 뿐
굳이 '내 그릇 간장 종지요~' 하고 싶은 사람은
말리지 않겠다.

라흐마니노프의 '피아노 협주곡 2번'도
그 당시 대중은 혹평을 쏟았고,
작곡가 당사자는 한동안 슬럼프에 빠졌다
하지만 백 년 뒤 지금,
전 세계가 사랑해 마지않는 곡이 되었다.

사실 옛이야기를 하나 하자면,
나는 중학생 시절 클래식만 듣고 고전문학만 읽어서

*   Agitato Presto: 격렬하고 빠르게
**   Adagio Romantico: 느리고 로맨틱하게

친구들한테 재미없다 소리를 귀에 달고 살았다.
반 아이들이 뮤뱅 1위를 누가 했네, 틴트 무슨 색 샀네,
관심도 없고 할 얘기도 없었다.
그때의 나이 거의 두 배를 먹은 지금도
여전히 클래식을 좋아하고 고전문학을 좋아하는데,
다들 취향이 확실해서 좋다고들 한다.
나는 여전히 그 음을 연주할 뿐인데,
무대의 관객이 바뀐다.

세상의 기준은 줏대 없고 찰나와 같으며,
심지어 눈치까지 본다니!
지나가는 대중의 기준에, 타인의 기준에 맞추는 건 내 악보가 아니다.
내 악보는 4분의 3박자인데,
자꾸 8분의 6박자에 따라가다 보면 뱁새 다리 찢어진다.

내가 올곧게 살아가고 내 곡을 만족스럽게 마무리 짓는다면,
내 교향곡 중 한 악장이 우울하기 그지없는 마이너에
귀 찢어지는 불협화음이 난무하더라도
이런 곡도 있고, 저런 곡도 있는 법이라며 웃어넘기면 된다

4악장 중 절반이 우울한들 남 이사 뭔 상관인가!
장조만 아름다운 게 아니다, 단조도 아름다운 것을.
누구는 느린 호른을 좋아하고 누구는 재잘대는 플루트를 좋아한다.
왜 네 곡엔 호른이 주연이냐—하면,
내 취향이다 하면 그만이다.

내가 만드는 나의 교향곡 전체 주제가 나를 드러내고
다른 이에 의해서가 아닌 나에 의해 쓰여지고
나의 지난 세월과 만남이 화음으로 승화된다면
내 교향곡은 나 스스로 만족할 만한 곡이 될 것이다.

'4분 33초'와* 같이 이 시대에 신박한 예술이라 평가되는 곡도
음악의 아버지, 바흐가 듣는다면 기겁했을 것이다
'이 무슨 말도 안 되는 장난 짓거리냐!'며 호통을 쳤을 테지.

지금 듣는 사람이 혹평하면 어떠한가?
100년 뒤 대중은 사랑해 줄지 누가 아는가

> * 4분 33초: 4분 33초 동안 아무것도 하지 않고 퇴장하는 것이 전부인 존케이지의 현대음악

또 사랑해 주지 않으면 어떠한가?
나는 나만의 필체로 하루하루의 음표를 휘갈길 테다.

주기율표 [+]

나는 리튬
똑   똑
똑똑똑똑 똑똑똑똑
똑

너는 나트륨
똑   똑
똑   똑
똑똑똑 똑똑똑
똑

우리는 가느다란 감정에 묶여
바깥 하나의 전자를 주고받는다
서로의 눈물에 쉽게 반응하는 우린
화학 성질이 꽤나 비슷하다

하지만 나는 2주기에
너는 3주기에 살고 있어
우리의 반응 속도와 감정의 무게는
어쩔 수 없이 차이가 날 수밖에

그래서 너의 반응이 이해가 간다
너는 나트륨이고,
나는 리튬이니까

상처와 연대에 대하여

보고 싶을까 봐 정을 안 주십니까
상처받을까 봐 맘을 안 여십니까
당신이 어른입니까?

눈물을 흘린다고 비웃으십니까
모든 것에 덤덤한 것이 단단한 것입니까
내가 아이입니까?

다칠까 봐 두려우십니까
무너질까 봐 두려우십니까
당신이 아이입니까?

저는 찔려보렵니다
심해의 밑바닥까지 가라앉아도 보렵니다
겪어보지 않고서 어찌 안다 하렵니까

고양이의 위로

10 A.M.—
현관 바닥에 쪼그려 앉아
바스락바스락
어제 시킨 양파와 팽이버섯을 꺼내고
상자를 정리하는 동안

킁킁
자기 것이 없는 걸 아는지
흥미가 떨어져
제자리로 돌아가 버립니다

10 P.M.—
현관 바닥에 쪼그려 앉아
다리에 쥐가 나려는 지도 모른 채
목이 쉬고 소매가 젖어 들고
눈두덩이가 팅팅 부어 드는 동안

킁킁
큰 눈을 똥그랗게 뜨고 다가와
눈물 짠 기에 코를 들이밉니다
다 털고 일어날 때까지
한참을 옆에 누워 있어 줍니다

계속 바라보면 내가 뻘쭘할까
그루밍을 하며 마냥
고개를 갸우뚱거리며 그냥
옆에 누워 왜 그러나 흘끗댑니다

야옹—
도 않고 재촉도 않고
그저 옆에 누워, 가만히
가짜 눈물은 본체만체하면서도요
내 다리에 쥐가 나서 온 거니?

사랑의 열역학에 관하여

"나는 왜 사랑을 물리 법칙에 기대어 설명하려 하는가.
감정은 수식처럼 환원될 수 없지만,
이해되지 않은 채로 남기보다,
환원하고 난 뒤에도 남는 여운에 기대어
버티는 법을 배우기 위해서랄까."

| 제1 법칙 : 감정 보존의 법칙
에너지 보존의 법칙 – 우주 에너지의 총량은 일정하다.

'또라이 질량 보존의 법칙'이라고 들어봤는가.
한 조직에서 빌런 역을 맡는 이는 늘 존재한다는 말이며,
주위에 아무 빌런이 보이지 않으면 내가 빌런이라는
우스갯소리 같지만, 실재하는 일상의 법칙이다.

우리도 우주의 일부이니, 우리의 감정도 마찬가지일 터.
내가 가진 감정 에너지 총량이 100이라고 가정해 보면,

15는 가족에게, 30은 회사나 학교에, 10은 친구에게
30은 연인에게, 20은 취미에, 나머지는 자잘하게 쓰게 된다.
우리가 회사에 에너지를 많이 소모하면,
우리는 가족이나 연인, 배우자나 더 소중한 관계에
충분한 에너지를 나눠 쓸 수 없다.
그것이 인간의 감정 보존의 제1 법칙이다.

사랑도 우리 에너지의 가장 큰 일부이니, 사랑도 마찬가지일 터.
사랑이 점점 커지는가?
그럼, 어딘가로 에너지가 새고 있을 것이다.
사랑이 점점 줄어드는가?
그럼, 어디 다른 곳으로 옮겨졌을 것이다.

이 얼마나 간단하고도 열 받는 이치인가!
하지만 생각해보면 상대의 에너지 자체가 사라진 건 아니니,
크게 걱정하지는 않아도 된다.

▎제2 법칙 : 사랑을 지켜내는 법

엔트로피의 법칙 – 우주의 엔트로피는 최대가 되는 경향이 있다.

엔트로피라 함은,

무질서도를 말한다.

즉, 자연은 항상 무질서한 방향으로 흐르려는 경향을 말한다.

단단한 얼음은 흐물거리는 물이 되고,

물은 이내 손에 잡히지 않는 수증기가 된다.

꽁꽁 손잡은 분자들이— 나 좀 놓아달라, 손에 땀 난다며

자유로워지려는 것이다.

엔트로피를 낮추려면,

다시 단단한 관계가 되려면,

즉, 수증기를 물로, 물을 얼음으로 바꾸려면,

압력, 온도 등의 외부 조건에 변화를 주어야 한다.

사랑에서도,

시간의 궤도 위에서, 관계의 구조는 점점 느슨해지고

서로 아무것도 하지 않으면,

사랑의 구조는 흐트러지게 된다.

비정질—

다시 말해 불순물이 많아서 주기성이 깨진 고체가 되지 않도록,

관리하고 엔트로피를 낮추며

구조를 지탱하기 위해 애써야 한다.

비정질이 무엇인가,

불순물, 서로에 대한 순수한 감정과 약속에 영향을 주는

당신이 아는 그 요인들 말이다.

그런 불순물들은 단단한 관계의 주기성,

즉, 질서, 약속, 그리고 믿음을 깨버린다.

그렇게 깨져버린 고체가 비정질이고

엔트로피를 낮추지 않으면

사랑의 결은 그렇게 흐트러진다.

사랑의 에너지도 늘 높은 곳에서 낮은 곳으로 흐르고,

더운물도 그대로 두면 식듯—

사랑도 지속적인 노력 없인

식고 자유로워지고 싶어 한다.

바로, 엔트로피가 증가하는 것이다.

가만히 두면 더 무심해지고, 무질서해지고
그만큼 더 익숙해지지만,
너무 그렇게 느슨해지지 않게
더 끈끈하고 단단한 관계를 유지하려면,
엔트로피를 낮추려면,
끊임없는 소통과 노력을 기울여야 한다.

어쩌면,
순리대로 따른다는 말은 참 무책임한 발언일 수 있다.
어떤 순리를 말하는 것인가.
엔트로피가 최대로 향하는 열역학 법칙의 순리인가?
그럼 사랑이 해체되도록, 그리 흘러가 증발할 때까지
넋 놓고 있는 게 순리라고 말할 것인가.

사랑에서만큼은,
대상이 가족이든, 연인이든, 친구든, 사회이든,
엔트로피를 낮추어야
인류애가 증발하지 않는다.

| 제3 법칙 : 살아 있는 이들의 잔류 엔트로피

네른스트-플랑크 정리 – 절대영도(0K)[*]에서 엔트로피는 상수가 된다.

내 심장이 절대영도에 가까워질 때,
바람도 신호도 아무것도 없는
완전한 정적이 오면

우리 사이는 더는 어찌할 수 없는
혼돈의 끝, 오로지 질서만 남은 상태에서
상수가 되어 고요해지겠지

시간이 흐를수록,
내 심장은 점점 차가워져서
바닥에 딱 붙어 가라앉겠지만

우리의 잔류 엔트로피는
죽지 않는 이상 절대영도가 될 수 없기에
여전히 마주하면 흔들리겠지만

[*] 절대영도: 0K(-273℃), 모든 열 운동이 멈추는 이론적 상태, 극저온

그 순간이 오면,

무엇보다 평온할 거야

가라앉았지만 여전히 흔들리는 찻잎처럼

사랑을 관측하는 중입니다

소녀의 다락방

새벽달이 뜬 깊은 밤,
아무도 오지 않는 조용한 시간
소녀는 자신의 집, 다락방으로 올라간다

육각형 모양으로 된 이 작은 공간에는
서재처럼 책꽂이 선반이
여섯 개의 벽면을 둘러서 있고
다양한 모양과 색깔의 원석들이
종류별로 올려져 있다

오늘도 소녀는 원석들을 모아왔다
조심스럽게 다듬어 줄 원석들을,
하나씩 품에서 꺼내어 본다
소녀는 아끼는 고운 면수건으로
닦아주고 광을 내고 모양을 잡아준다
이것이 소녀의 하루 중 제일 마지막 일과이다

'이건 무슨 감정일까?'
'이건 참 예쁘게 생겼네'
'이건 기름칠 좀 해줘야 볼만하겠어.'

소녀는 한참 동안 원석들을 들여다보며
제 빛깔을 찾도록 허리 숙여 작업을 시작한다
낮에는 소녀도 빨래도 널어야 하고,
밀린 책도 읽어야 하고,
친구랑 밥도 먹어야 하니까

소녀는 일어나 한쪽 선반에 올려둔
분홍 비단으로 덮어둔 예쁜 보석함을 가져온다
보아하니, 소녀에겐 가장 소중한 것인가 보다
비단 덮개를 치우자 영롱하게 빛을 뿜어내는
오로라 원석이 나온다

소녀는 이 원석의 이름을 '사랑'이라 불렀다
갈고 닦기 정말 품이 많이 드는 돌이다
뜨거운 태양열을 품고서 북쪽에서 천막처럼 일렁이는 것을
같이 간 소년과 함께 겨우겨우 캐내 온 것이다

소녀와 함께 이 오로라 원석을 캐내어
고이 간직했던 소년이 어느 날 말했다
버리든 말든 알아서 해
소년은 그것의 빛이 너무도 눈이 부셔
그 빛의 무게를 감당할 수 없었기에
도망치듯 소녀의 발 앞에 던져 내려놓았다

소녀는 버리지 않는다,
소년 때문이 아니다
그 원석의 빛에 깃든 그 모든 땀과 눈물
빚어내고 품어낸 시간들이 고스란히 담겨 있기에
내팽개치듯 내버려둘 수가 없었다 감히

언젠가 소녀가 이 원석을 찾지 않는 날이 찾아온다면,
그건 더는 소중하지 않아서가 아니라
이제는 더 이상 다듬을 곳이 없어서일 것이다
아마도 많은 날, 오랜 시간과 정성으로 갈고 닦아
그 모든 빛을 원석이 다 품어내었기 때문일 것이다

그리고,
우리는 알고 있다
소녀에게 그 어떤 다른 원석이 생기더라도
그처럼 고이고이 아껴줄 것이라는 것을

시인의 열세 살

유난히도 자연히 주는 고즈녁함을 좋아했던 아이 시절,
친구들하고 방과 후에 어울려 노는 것도 잠시.
무엇보다 혼자 자연을 관찰하고 탐험하는 시간을
가장 설레하였다.

열세 살,
서쪽 창문이 있던 아이의 작은 방으로
주황빛 저녁노을이 사선을 그리며
침대 밑에 꼼지락대는 발을 간질일 때,
햇살의 움직임을 따라 방석을 옮겨 다니며
주황빛 포물선이 창문 너머로 없어질 때까지
하염없이 앉아 그 포근함을 즐기는 것이었다.

열네 살,
바람이 부는 날, 아, 그냥 바람이 아니다.
뭔가 무슨 일이 일어날 것 같은
심상치 않은 바람이어야 한다.

그런 바람이 방 창문으로 들어오면,
바로 좋아하는 옷을 찾으러 옷장을 열어본다.
발가락 사이로 바람이 지나가는 앞이 뻥 뚫린 슬리퍼와
바람의 살랑대는 손길이 더 잘 느껴지는
얇은 하얀색 플레어 원피스를 입고서,
아파트 동 사이, 시원한 바람골로 달려 나가
샛길 나무들이 바람에 부딪혀 내는
부스럭거리고, 찰랑거리는 소리와
나뭇잎 사이로 들어오는 반짝임 속에
하염없이 몸을 맡기는 것이었다.
마치 피터팬의 웬디가 되어
하늘로 둥실 떠올라 날아갈 수 있을 것 같았는데,
그때만 해도 큰바람에 몸이 슬쩍 떠오를 정도로
가벼웠으니 할 수 있던 상상이다.

열다섯 살,
장맛비가 억수로 퍼붓는 7월 말 어느 주말,
삼선 슬리퍼를 신고 우산 없이 뛰쳐나가
뒷산 언덕 아래쪽으로 달려가면,
(엄마가 잔소리를 걱정한 적은 사실 없었다)

장맛비가 한 움큼 모여서
폭포처럼 흘러내리는데,
발가락 사이로 빠져나가는 간지러운 물줄기가
몽글거리고 자유로웠다.
마치 내 발가락들이 잉어가 되어
빗물 사이로 헤엄치는 느낌이었달까.

아홉 살,
혼자서 도서관이 있는 동네 뒷산에 올라가
시간 가는 줄 모르고 책을 다 보고 나오면
저녁 어스름이 서쪽 골짜기부터 캄캄하게 깔릴 즈음,
어느 쪽으로 가야 예쁜 오솔길이 나올까?
어느 쪽으로 가야 토끼 굴이 나올까?
바스락거리는 가을 낙엽길 사이로,
죽어 말라 있는 바삭한 사마귀들을
까치발로 총총 피해서 돌아다녔다.
산나물과 견과류를 종류별로 모아
먹으면 탈이 나나 안 나나 효능을 알아보기도 했다.
다행히 살아 있다.
커다란 배낭에 락앤락 통, 집게, 가위, 메모장을 야무지게 넣고 신기하게 생긴 모든 걸 모았더랬다.
분홍 돌멩이, 마른 버섯,
집 잃은 조개껍데기, 깨진 도토리, 이끼 풀까지.
어둡지 않은 밝은 낮에는 푸른 산길 사이에 웅크리고 앉아,
어떨 땐 멀찍이,
어떨 때는 가까이 들리는 새소리를 지그시 눈 감고 듣다가
하늘에 떠 있는 구름과 돌 사이에 피어난 작은 풀꽃들에
유심히 말 걸기가 일상이었다.

그 시절 시인은,
꼬마 탐험가였고, 신분을 숨기고 새들을 지켜주던
비밀스러운 용사였다.

그리고 그 시절,
몇 번이고 돌려본 영화는 <비밀의 화원>이었고,
책장이 너덜너덜해질 때까지 본 책은
<타샤의 정원>과 <초록지붕집의 앤> 시리즈였으니,
열세 살의 시인은
그렇게 자연 속에서 혼자 시를 지으며 자라났다.

그때 중얼거리고 일기장에 깨작거리던 시들은
어느샌가 행방을 감추었지만,
지금의 나를 보면 그때부터 지금까지
참 한결같고 변함이 없어 뵌다.
좀 때가 타 까무잡잡해졌을 뿐.

용서란 무엇일까

용서란 무엇이냐고?
나는 용서를,
고이 덮어주는 것이라고 배웠어
잘못을 다시 들추어 내지 않는 거야, 덮어주는 거야
원래의 관계로 돌아가거나
기억에서 없앨 수는 없겠지, 인간은

그래서,
그냥 눈 딱 감고 묻어주는 거야
상대가 죄책감을 느끼게 하거나,
복수를 한다거나, 원망하지 않는 거야
내가 받은 상처를
계속 상대에게 티 내지 않는 게, 용서라고 생각해

완전히 잊을 수는 없겠지, 인간은.
어떤 상처는 너무 깊이 나서 흉터가 없어지지 않아
그런데 몸에 난 흉터를 마주할 때마다

'이 흉터가 왜 생겼지?', '누가 나한테 이랬지?'
계속해서 생각을 불러온다면 내가 힘든 거야

완전히 잊는다는 건 감정이 없어야 가능해
원망, 미움, 미련, 배신감, 심지어 사랑도,
모두 증발해야 완전히 잊을 수 있어

흉터를 계속 바라보면 그것만 더 커 보이고
상대에 대한 악감정만 부풀어 올라
그래서 계속 분석하고 계속 질문을 던져
원망의 질문이 아닌, 나아감의 질문을.
부정적인 생각에 가라앉지 않기 위해
먼발치에 앉아 삼자의 눈으로 바라보기 위해서

그러니 우리 용서해 보지 않을래?
나를 위해서, 그리고 너를 위해서

결어긋남과 흰나비 +

누군가를 깊이 느껴보면
상대가 옆에 없어도
상대의 말이 들리지 않아도
존재가 느껴진다

공기분자는 그의 숨을 타고
감정분자는 그의 손끝을 타고
팔랑이는 나비가 되어
미세하게 다가온다

그의 숨이 아무것도
보내오지 않는다면
그가 모든 결어긋남을
처절하게 피한다면

그가 그렇게 치열하게
존재하지 않으려 애써야

내 손에 움켜쥔 이 작은 하얀색도

숨을 쉬며 날아가겠지

전자들의 도망

어긋났다

우리는 마치 하나의 중첩된 상태로
우리만의 파동을
어떠한 가능성을 만들어내고 있었으나

세상의 시끄러운 간섭은
우리의 파동을 들여다보았고
우리의 미세한 진심은
낯선 공기와 온도의 밀도에 놀라 도망가기 바빴다

순수했던 우리의 결은
그렇게 간섭당했고

어긋났다

진라리로 가는 기차 안에서

작년 봄, 나는 무궁화호를 타고서
올해의 나는 한 줌의 재가 되어 있을 거라 생각했어.
이것이 마지막 여행이라고.
내년엔 볼 수 없을 거라 여겼던 진라리, 이 시골길을
지도에 저장해 놓으며 '꼭 와보고 싶다'—
습관적으로 메모해 두면서도
내심 속으로는 일어나지 않을 일이라고 비웃었어.

일 년 뒤, 같은 무궁화호를 타고서
내 오감은 살아 숨 쉬며 덜컹거리는 이 기차 레일을
오롯이 느끼며 그때와 변함없는 멀쩡한 사지를 달고서.
그저 한 편의 시가 되기 위해—
아니, 그런 낭만적인 말도 필요 없이,
그저 봄꽃을 보러 떠나고 있어.

그때보다 난, 혈색이 많이 돌아있어.
가끔 손거울로 립스틱을 고쳐 바르며

'오늘 좀 예쁘네'—
속으로 생각하며 흐뭇해하는,
그런 봄이 와서 마냥 좋은,
여자로 살고 있어.
다 죽어가는 송장이 아니라.

그때의 난,
너라는 창문을 통해 세상을 봤나 봐.
네가 성에가 끼면 세상이 뿌옇게 보였고
네가 덩굴에 가려지면 떼줄 생각은 못 하고
어둡다, 어둡다, 너한테만 뭐라고 했어.
그런 덩굴에, 가시에, 숨 막혀 허덕이던 건
너였고….

오히려 나한테 가시가 닿지 않도록
온몸으로 막아주다 금이 가 깨져버린 것을,
난 너의 사랑이 부족했다, 두껍지 않다,
철없이 부서진 창문 조각을 붙들고 원망만 했어.

그 얇디얇은 한 장의 투명한 유리에 금이 갈 동안,

모진 바람을 견디느라 바들거릴 동안,
나는 아이처럼 안아달라 조르기만 했어.
더는 못 버티겠다 울부짖는 너를 보며 난,
나를 지켜달라, 네가 있어야 내가 행복하다….

그 말들이 얼마나 잔인하게 들렸을까.

그래서였을까.
날 잡은 너의 손을 내가 밀어냈을 때,
그제야 너도 숨을 쉴 수 있었던 걸까.
참고 참고, 사랑으로, 사랑 하나로 버티다
그렇게 자유롭게 깨져
더 이상 아무것도 하지 않아도 되는.

기차의 진동에
손 글씨가 어지러이.

계절의 경계가 시가 되기까지

"나는 계절의 장면이 아니라,
계절의 경계에서 느껴지는
이행의 귓속말에 쑥스러움을 느껴
가끔은 그래서 연인이 없이도
산책하는 맛이 난다니까?"

내 시(詩)의 고향을 찾으러 떠난 적이 있어
왜 내 언어가
멈추어 있는 장면이 아니라
흐름과 진동의 대화를 담고 있는지

나는 낙엽을 보며 눈물이 고이진 않아
그보다,

낙엽이 떠날 즈음,
새들의 목소리가 멀어져가는 어느 날

코끝에 설익은 습기와 마른 공기 속,

살짝 멀어진 햇살이 만지는
연약한 스침,

벚꽃이 도착할 무렵,
두 팔의 솜털이 기지개 켜는
포근한 바람,

기다렸다는 듯이 하품하는
봄꽃들의 아우성 사이에서

내 마음 가랑이를 붙잡는
그 작은 생명의 존재성에
심장이 파르르 떨리는 시간 속에서

내 시가 태어나

나는 글을 쓸 때

나는 글을 쓸 때,
아주 천천히 꼭꼭 씹어 삼키듯 써

우당탕퉁탕 감정을
잉크로 쏟아놓기 전에,
속으로 곱씹고 분해한 뒤에
종이에 옮기려고 해
나도 모르게

머릿속에서 이미 시어로 베를 짜고
은유와 비유로 다듬고 깎으며
읽는 이가 알아맞힐까?
은밀한 장난처럼 기다리지
내 메타포를 해독해 낼까?
숨죽여 지켜봐

한 음절 한 음절씩 고심하는

살리에리라기보다
머릿속에 완성된 시를 옮겨 적는
모차르트가 된 것 같은 느낌이 들기도 해

현실의 나는,
유치하고 어수룩하고,
할 말을 제때 못하기도 하고,
해맑게 웃다 말문이 막히기도 해
머릿속에서 정리하느라 꽤 오래 걸리거든

하지만 펜을 든 나는,
정제하고 숨겨놓고
풍자로 비틀고 뒤틀고
농담하고 희화하고
냉소적인 웃음을 짓기도 해

그래서 내 사랑 시들이
수면 아래서 파동 상태로 흐르다
누군가에 의해 관측되길 바라는,
입자로서 시(時)가 되길 바라나 봐

그제야 활자가 아닌 살아 있는 숨이 되니까

너도 그런 적 있어?
너는 글 쓸 때 어떤 모습이야?

그래도 넌 아프지 말지

먼저 아파본 사람이
먼저 잃어본 사람이
먼저 다쳐본 사람이

더 외롭다

먼저 아파봤기에
먼저 잃어봤기에
먼저 다쳐봤기에

옆에 있어 주었건만

아파본 적 없는 이는
잃어본 적 없는 이는
다쳐본 적 없는 이는

그림자가 되어 떠난다

먼저 아파본 사람은
더 이상 말하지 않는다
다 안다는 생각 앞에서

언젠가 아파보고
언젠가 잃어보고
언젠가 다쳐보고

그제야 돌아온다

그래서 울고 있었구나
몰라줘서 미안해—
라며

"그럴 수 있어
겪어보지 않고는 모를 수 있어
그래도, 슬픔을 껴안아 줄 수 있는 건
감사한 일이야."

태양은 빛을 잃지 않고서

: 나로 돌아오는 길

4부

"'나를 사랑해'라고 말하기까지 내가 걸어온 길을,

벗에게 말하면 동정이 되고,
가족에게 말하면 철없음이 되고,
지인에게 말하면 안줏거리가 되며,
일기장에 말하면 찌질함이 된다.

나는, 내 찌질함이 귀엽다."

무제

사랑의 시작이란,
"사랑해"
"나도 사랑해"

사랑의 끝이란,
"사랑해"
"사랑했어"

기꺼운 용기

불어오는 바람을 오롯이 마주한 적,
당신은 있나요?

어깨를 웅크리지 않고서
머리칼을 휘감으며 볼을 간질이는 그 바람을,

무심히 창을 내리지 않고서
방 안 곳곳을 탐색하는 그 바람을,

옷깃을 부여잡지 않고서
피부 사이를 날카롭게 헤집는 그 바람을,

그렇다면 당신은 알겠군요,
사랑의 시작과, 말랑한 베개와, 그리고 이별을.

단풍을 덮은 이른 눈에

어찌할 바 몰라
아등바등 매달린 단풍에
수북한 눈이 푸욱
일 더미 속에 눌린 숨결

제때 떨어지지 못한 감정은
묻혀 숨 쉬지도 못하고
겪어보지 못한 차가운 결정에 갇혀
나갈 길도 못 찾고

살려달라 말할 명분도 없으니
그저 빨간 손만 내민다
나 여기 묻혀 있다고
자존심만 센 연약한 단풍이다

혼자 멘 멍에

같이 멍에를 메고 가던 이가 있었다
우리는 서로를 사랑했다
같이 메고 가던 멍에의 어깨끈을
혼자서 풀어버리고
그는 갑자기 다른 곳으로 가버렸다
무겁다며
나는 그 멍에를 아직도 홀로 메고 걸어가고 있다
처음엔 벙찌고 허무하고 믿을 수 없어서
나의 제자리서 그의 간 자리를 응시하다가
지금은 그냥 혼자 메고 천천히
아주 천천히 걸어가고 있다
굳이 멍에는 내려놓지 않았다
나의 그림자가 스쳐 간 자리를
누군가가 흘끗 시선을 둔 것 같기도 하지만
나는 내 걸음을 믿는다
이렇게 걸어가다 보면
언젠가 어디선가

누군가가 옆에서 함께 메줄 수도 있을 테니까
제자리에 멍때리고 주저앉아 있는 건
내가 아니다

이별의 역병을 충실히 앓는 법

당신 몸에 난 고름이 참으로 흉허다
그 흉헌 것을 황급히 짜내고
가리고 어물쩍 덮기에 그리 바쁘이
터뜨리면 아픈 것들을 속으로 삭여내는

열이 사십도 가까이
두 볼엔 사춘기마냥 시뻘건
열홍이 문대 있어
체열을 시급히 내리려는

헌데 그거 아십디까
이눔의 역병의 고름은 빨리 짜는 게
대수가 아니드래요

이 타오르는 열도요
막 고냥 식히는 게
답이 아니드래요

열 내리는 약 같은 걸랑 집어치우고

진심들이 울긋불긋 올라오게

고대로 놔두시라요

안 그럼 흉난께로 더 아프당께

이 병은 고렇게 충실허이

이겨내는 거드래요

황금률 아홉 그릇

*"무엇이든지
사람들이 여러분에게 해 주기를 바라는 것을
여러분도 사람들에게 해 주어야 합니다."* *

파스타, 내가 고른 황금률이다

나에 대해 필요 이상으로 지나침이 없도록
다른 사람에게 사랑과 열정을
나누려 고른 황금률

일주일에 삼일 연속
한 달에 아홉 번의 만떼까레**를 하며
눈물 대신 땀을 흘렸다

* 성경 마태복음 7:12: 흔히 '황금률'이라 불리는 구절로, 예수의 산상수훈 중 하나로 이웃사랑과 배려에 대한 내용
** 만떼까레: 이탈리안 조리법으로 파스타나 리소또에 올리브유를 입혀 유화시키는 조리 방식

평소 얼굴 보기 힘들었던 옛 친구에게 한 그릇,
서슴없이 다가와 준 고마운 동생에게 한 그릇,
친해지고 싶었던 존경하는 분들에게 두 그릇,

아홉 그릇의 안부에
미소와 격려가 곁들여져
아흔아홉의 행복이 되어 돌아온다

벚꽃에 내린 우박

분명 오늘이 봄이라 했는데
발끝에 치이는 얼음덩어리가
벚꽃에 상흔을 내고 있다

아! 안돼!

이 말이 안 되는 한낮의 냉기는
우리들의 봄에 상처를 입혔고
우리들의 낮에 먹구름을 씌웠다

우박이 지나간 자리에 벚꽃은
생각보다 멀쩡하고
여전히 말이 안 되게 예쁘다

아, 이것은 진자 운동

1 썸

티키타카―
내가 던지면 네가 받고
네가 다가오면 내가 신나 뛰는
진폭처럼 들뜬 하루하루

2 진폭의 최대높이

서로 쌓아온 시간도 마음의 무게도
과거의 질량은 중요치 않은, 그저
상대를 향한 방향과 닿고 싶어하는
간절함의 길이가 정해주는
사랑의 최대 높이

3 폭풍전야

마치 중력이
이 세상에 아득히도
존재하지 않고 숨어서
혹시나 건드릴까 움직이지 못하며

4 선폭풍

너에게 밀려났으나
네가 멀어지려 할수록
끝내 끌리는

5 후폭풍

시간이 흐르고
내가 멀어질수록
끝내 진동하는 중

6 고요

시간이 좀 더 흐르면
모든 것은 언제 그랬냐는 듯
돌아온 진자의 제자리

허나 그것이 과연 제자리일까—
이미 최대 진폭을 겪은 우린
초기화되지 않는 이상

시인의 이별

나는 너를 잊기 위해
남자를 만나지도 않았다
우리 추억에 허우적대며
눈물로 지새우지도 않았다

그저 질문을 던졌다
너는 왜
나는 왜
그 '왜'를 입에 넣고 천천히 질겅—
체하지 않으려, 소화하려고

나는 마주했지만
너는 도망쳤고
나는 나아갔지만
너는 물러섰다

한때, 넌 내 손을 붙잡아주었다

나의 흔들림이 불안하다고
아무도 없는 곳으로 숨어버릴 것 같다고
그러니 꼭 잡아달라
탁자 위 떨리는 내 손을 너의 큰 손이
꼭 잡고 놓지 않았다

나는 알고 있었다

나는 수련임을—
고통의 물속에서 피어나는
나는 갈대임을—
작은 바람이 눈에 물을 묻혀도
큰바람에 꺾이지 않는

반추하고, 반추하고
기록하고, 기억하고

그렇게 나는 피어났다
피하지 않고 품어냄으로써

덤벼라 파도야

죽어라 덤비는 파도 앞에서
내가 할 수 있는 건,

웃어라 사진 찍기

덤벼라 파도야—
넌 단지 내 화면의
아름다운 장면일 뿐이야

아름다운 너를 보러

꽃을 보는 방법이 두 가지가 있다 했던가요

하나는 꽃을 꺾어 방에 두는 것이고
하나는 꽃을 보러 길가로 나오는 것이라지요

임을 있는 그대로 제일 아름다울 자리에서 응원하는 것이
내 곁에 꺾어 두는 것보다 나은 일이겠지요

나는 주연도 조연도 아닌 너를

한 계절이 제 역할을 다하고 물러나면,
무대 뒤에서 허둥지둥
다음 계절의 옷을 꺼내 입히고
지나간 계절의 땀을 부채질해 주는,

―"네 차례네, 아니 내 차례네"
꼬이지 않게 줄 세우는
안쓰럽고도 고마운 존재가 있습니다.

그 옆을 스쳐 지나치지 않고
그 땀방울을 수정처럼 바라보며
말없이 지켜봐 주는,
조용히 그를 위해 시를 쓰는…

그것이, 내가 하는 사랑입니다

나는 한여름 무대의 주인공보다,

늦여름 뒤에서 애쓰는 그이를 사랑합니다.

정말 좋아했던 계절

한여름 날 아이들의 웃음소리
노을 필 무렵의 놀이터 분수
두근거리는 비트의 카페 플레이리스트
내가 좋아하는 여름날의 풍경이다

그 풍경 속에서 우리는,
슬리퍼를 찍찍 끌고
땀이 나도 깍지 끼고
쭈쭈바를 입에 물고
그늘 길만 골라 걷다
동네 만두 한 팩 사서
화단에 마주 앉았던
아직도 생생한 그날이
내가 참 좋아했던
그 계절의 풍경이다

이번 여름은 쉽지 않아

사우나 속에서 사는 느낌이다
숨이 터억 막히고 발바닥은 끈적거린다

내가 좋아하는 모든 날,
내가 지나가는 모든 길에
너의 목소리가 튀어나와
나를 마구 베고 가서
일기라는 진통제를 처방하고
시(詩)라는 수액을 맞는다

있잖아?
나는 분수를 정말 좋아하는데,
이번엔 근처에도 못 가겠더라?

헤어진 연인의 데이트

너를 아주 간편히 만나는 방법이 있지
낮시간 동안 네 생각을 틈틈이 하면
너는 매일 밤 찾아온단다, 내 꿈속에

오늘도, 찢겨진 꿈나라 입장권을
네게 억지로 쥐여 준다

오늘 키링을 사러 들어왔어

덜컹거리는 열차의 진동 위,
땀에 절은 살결 사이에 면봉처럼 쑤셔져
핸드폰에 눈길을 떨군 채
시야 밖으로 무심히 길을 뚫어간다

그런데 저기—

어머, 티니핑이네,
딸내미가 작은 손으로 아끼는 애라며 매달아준 걸까?
아버지 서류 가방에 달린 분홍색 티니핑

수달이다,
저기도 여자 친구가 자기 닮았다고 준 걸까?
툭 멘 메신저백에 무심히 달린 하트 안은 수달 인형

못난이 개구리네,
땀에 젖은 중년 남성의 등산 배낭엔 어쩌다?

함께 산 타면 웃음 날 것 같은 복실복실 개구리 인형

이런 게 이제야 눈에 들어오다니
이제 다 울었나 봐

아무것도 안 달린 내 가방끈을 괜스레 만지작거린다
귀엽네
나도… 키링 하나쯤, 달아 볼까

덕수궁 벚꽃 아래서

무심코 멈춘 걸음으로 산책하고 온 길은
여전히 벚꽃이 가득하고 혼자 걷기 좋더라

연보라 니트를 꺼내입고 한껏 설레어
'귀여운 룩 완성!'을 외치던 그 남자도

안 신던 구두를 꺼내신고 한껏 꾸미며
'이뻐 보여야지!'를 외치던 그 여자도

다시 온 덕수궁 벚꽃 아래엔 없지만
여전히 벚꽃은 가득하고 혼자 걷기 좋더라

다디단

초여름 저녁 무렵
그대 손을 잡고 나란히
―너와 나란히

어느 방향으로 걸어갈지 멈추어 봅니다
―너를 봅니다

노을이 참 예쁩니다
―너는 더 예쁩니다

바람도 참 달고요
―네가 달지요

노을을 보며 걸을 수 있는 방향이 좋을까,
―해가 너무 빨리 지네

바람이 덜 부는 골목으로 가는 게 좋을까?
―네 품이 따뜻하니 상관없어

사실 다 상관없어요
그게 뭐 그리 중요하겠어요

그대 품이, 그저 달아버린
내 집인걸요

이상향 – 버드나무의 품

바람이 찾아오면 너는 같이 춤을 추었어
물이 장난쳐오면 너는 같이 물장구를 쳐주었지

지친 새들에게 너른 품을 내어주고
피곤한 떠돌이에게 캐노피가 되어주었지

가벼운 듯 한량처럼 흔들거려도
한자리에서 우두커니 변함이 없지

오롯이 뿌리를 내려 모든 품을 나누어 주면서도
결연히 너의 본질을 지켜내었어

그래서 너야, 나의 버드나무야
나는 아직 네 그늘에서 쉬기밖에 못하거든

너를 침투한 불순물이 가라앉을 때까지

상처받기 싫은 너는
네 속을 뿌옇게 흐리고
깊이를 드러내지 않는다
세상의 기대에 맞추며

그런 너를 알아가고 싶어
네 안의 소용돌이가 조용히
가라앉기를 가만히 기다린다
너의 속도에 맞추며

마음의 탄성(彈性)

: 원이 아니어도 돼, 타원인 너를 사랑하니까

5부

" 그리고 말인데,
꼭 뭐가 되려고 애쓰지 않아도 돼.
의미가 없어도 괜찮아.
새똥에 떨어지면 어때?
그런 귀한 거름,
어디 가서 찾지도 힘들어.

그러니 말이야,
너무 안달복달하지 않아도 괜찮아 "

파란

파란색은 차가움이 아니다
간혹 추운 것이 파랗다 하는 그는
아마 뜨거운 불을
겪어보지 못한 것일 뿐

파란 물은 파란 물감이 풀어진 물이다
차가운 물이 아니다
찬물은 색이 없다가 하얘진다
다 식어버린 감정이 무색하듯

붉은색보다 더 뜨거운 건
파란색이다
가장 불같은 청춘이 푸름이고
가장 뜨거운 별이 푸른색이듯

너를 품은 내 심장도
그렇게나 파랬을 것이다

그러다 언젠가
무색게 식든, 하얗게 얼든,
다시 돌아올까, 아니면
이보다 더 파래질까?

흰나비효과

끝나지 않은 흰나비의 날갯짓은
계절이 지난다고 잦아들지 않는다

벚꽃이 피었다고 눈이 그립지 않은 것이 아니고
매미가 운다고 장미를 다 본 게 아니며
억새가 굽는다고 수박을 안 먹어도 되는 게 아닌

이 작은 흰나비는 해결되지 않은 감정으로
끊임없이 몸부림친다

너의 그 날아가는 모든 순간을 나는
먼발치서 응시한다
계절을 탐하는 날갯짓의 궤도를 따라

그리고 나는,

쳐다보는 나를 의식하면서
눈길을 굳이 거두지 않고서,
흰나비의 잔잔한 파문을
그대로 받아들인다

가지에 매단 눈물사귀

우리가 버텨 온 시간은
누군가에게 용기이고 위로이고 희망이자 빛이 되리라

그 누가 우리의 흉터를 들추어 눈을 흘긴다 해도
우리는 그 모진 바람을 눈물로써 딛고 일어난
한 줌의 용기요

우리의 모습을 외면하거나 판단치 않고
있는 그대로의 나를 껴안고 끝내 일어선
한 줌의 포옹이요

우리가 헤맨 여정은

나처럼 아픈 이도 다시 피어날 수 있다는 희망이며
상처가 모든 것의 끝이 아닌 시작이란
하나의 증거요

캄캄한 흑색 터널을 지나는 그대들의 내일에
죽음의 손길을 뿌리치고 오늘을 살아 숨 쉬는 우리는
한 줄기 빛이요

고통의 가시밭길에 피 흘리면서도
제자리서 쓰러지거나 숨어들지 않은 우리의 발자취는
한 편의 위로요

그 누가 우리보고 사랑할 자격이 없다 꺾으려 해도
또 한 번 사랑을 믿으려 일어선 두 발은
누군가의 가장 무거운 밤에 잠들게 해주는
하나의 노래요

이 시를 읽고 있을 그대여,

외면하는 게 편해 차마
모른 체했던 속마음을 해부하여
감히 내뱉기 어려웠던 그대의
가녀린 눈물사귀들을 내가
대신 가지에 매달아주리

햇살 아래서 보송히 마르도록
바람 잘 드는 곳에서 선선히 마르도록

내가 대신 먼저 용기를 내어주리
쓰러져 있지 말고 천천히 일어서기를
그대의 빛을 내가 함께 나누고 싶으니
부디

Variation: 우주의 품으로 들어오는 별들에 대하여

공전하던 시(詩)는 파동으로 유영하다가
관측되는 순간 시(時)의 입자는
빈 궤도 위에 조용히 깃든다

함께 나아가던 행성 하나가 이탈했다고
태양은 그 빛을 잃지 않고
그 궤도는 여전히 열려 있다

원이 아니어도 괜찮다
타원이 더 사랑스럽다
완벽하지 않기에

이 별의 발걸음이 타원이기에
네가 나의 여름, 가을, 겨울,
그리고 봄이었고

그 계절이 지나간 궤도 위에
조그마한 새로운 궤도 한 줄이
조심스레 내 안에서 태어나려 한다

마치 본래의 자리였다는 듯이
광활한 우주를 헤매다
자신만의 궤도를 되찾는 듯이
내 품속에서 조용히 숨을 고른다

홀씨

혹시나 남아 있을 미안함도
혹시나 남아 있을 뒤틀린 이기심도
혹시나 남아 있을 죄책감도
혹시나 남아 있을 자기방어도

바람에 내맡겨 날려 보내렴
새로운 땅으로 날아가
숨을 틔우고 뿌리를 내릴 때
그제야 홀씨는 피어난단다

바람에 몸을 띄우는 용기
줄기에서 떨어질 용기
새똥에 떨어져도 괜찮다는 용기
모르는 곳을 향해 날아갈 용기

그 작은 홀씨는 해내고
숨을 틔우고 뿌리를 내려서

그렇게 너는 너 자신이 되어
작지만, 눈부신 모습으로 태어난단다

사람을 편축하는 중입니다

너는 빛이오

너는 빛이다
내가 그렇게 부를 것이다

빛은 상자에 가둬도 새어나가고
벽으로 막아도 반사되어
빛나는 자기 상태를 숨기지 않는다

제아무리 위아래로 끊임없이 흔들리고
좌우로 파동처럼 쉴 새 없이 요동쳐도
너의 길은 곧기 때문이다

그러니,
그리 안타깝게 뭉쳐 있지 말아다오
억압하고 쌓여 있지 말아다오

너는 빛이니

사랑을 만족하는 중입니다

잔향

말하지 않아도 알고 있으리라,
나는 믿어 의심치 않는다

시가 우리 사이의 언어였고
우리의 우주를 채우는 별들이니까

에필로그

이 시집에 담은 모든 시는,

저의 기쁨과 상실, 이해와 그리움을 꾹꾹 담아낸

회복의 여정입니다.

제 시를 읽어 주시면서 개념적, 관념적 이해보다

그저 이 감정들을 감당하기 위해

꾹꾹 잉크로 눌러쓴 자국들로써 어여삐 여겨 주시고,

함께 울어 주신다면,

그것으로 충분합니다.

그리고 먼 훗날 이 잉크 자국들을 뒤돌아봤을 때,

이것이 발자국처럼 남아

이별이란 아픔 속에서도

'그래도 잘 걸어왔구나' 하며

조용히 미소를 품어낼 날이 오기를.

홀씨처럼 가볍게 떠올라

용기 있게 숨을 틔우기를.

시인의 노트

「슈뢰딩거의 고양이는 내가 죽였어」

이 시는 양자역학의 '슈뢰딩거의 고양이' 실험에서 출발했습니다. 상자를 열기 전까지 고양이는 살아 있으면서 동시에 죽어 있는 중첩 상태이죠. 관계에서도 우리는 그 애매한 상태를 마주할 때가 있는데, 확실하지 않은 감정, 떠난 건지 머문 건지 모를 그 마음을 확인하려 할 때, 오히려 관계는 무너져버리기도 합니다. 이 시는 그 중첩을 견디지 못한 화자가 결국 '사랑'을 끝내버린 이야기입니다. 확인은 안도이자 파국이기도 하니까요.

「**사랑의 양자상태**」

이 시는 관계 속에서 '감정의 관측'이 얼마나 예민하고 조심스러운지를 그린 시입니다. 절대영도 아래의 입자처럼, 너무 가까이 다가서면 오히려 깨져버릴까 봐 아무것도 하지 못하는 사랑의 상태이지요. 시 속의 '엄지의 말초신경'은 감정을 억누르려는 의지와 반대로 미세하게 반응하는 마음의 떨림을 상징합니다. 이는 상대를 위해 조심스럽게 숨조차 참는 태도이자, 사랑이 아직 살아 있다는 증거이기도 합니다. 이 시는 그렇게, 끝내 말하지 못한 마음의 온도를 아주 낮은 숨결로 기록한 시입니다.

「**우주의 품**」

이 시는 사랑의 시간과 기억을 '관측'이라는 물리학적 개념으로 풀어낸 시입니다. 양자역학에서는 입자가 관측되기 전까지는 파동 상태로 존재한다고 하지요. 마찬가지로, 주고받은 사랑의 말과 시들 역시 한동안은 마음속 어딘가에서 떠다니는 파동처럼 남아 있었습니다. 그러나 그 순간들을 직면하고 바라보게 된 지금, 그것들은 비로소 삶의 '시간(時)'이자 '형체(詩)'로 자리 잡게 되었습니다. 시 속의 '빈 궤도'는 떠나간 연인의 자리를 뜻하기도 하지만, 동시에 상대를 기억하는 마음의 난 길이기도 합니다. 상대는 떠났지만, 그 시간이 내면에서 조용히 안착하는 것. 그것이 바로 이 시가 말하는 이별을 수용하는 방식입니다. 이 시는 체념이 아니라, 여전히 우주가 살아 있다고 말할 수 있게 된 회복의 선언입니다.

「속도값의 감정학」

이 시는 사랑하는 사람과의 거리감이 점점 멀어지는 과정을, 우주의 행성과 궤도 변화에 빗대어 표현한 시입니다. 현실에서 행성이 궤도를 바꾸는 원인은 외부 충돌이나 속도의 변화이며, 감정의 세계에서도 외부의 '시선'이나 내부의 '죄책감' 같은 요소들이 감정의 궤도에 영향을 미치는 요인이 됩니다. '빛의 잔광이 이제서야 도달했다'는 표현은, 지금 우리가 보는 빛이 실제로는 과거에서 출발한 것이라는 점에서 착안했습니다. 이는 지나간 감정이 뒤늦게 이해되어 마음에 도달하는 과정을 상징합니다. '시(詩)'와 '시(時)'는 각각 사랑의 언어와 시간을 의미하면서도, 양자역학의 입자-파동 이중성처럼 마음속에서 동시에 진동하고 있다는 점을 표현하고자 했습니다.

「두 개의 태양」

이 시는 서로를 중심처럼 여겼던 관계를, '두 개의 태양'이라는 은유로 풀어낸 시입니다. 현실의 우주에서는 태양처럼 질량이 큰 별이 둘 이상 존재하면 서로의 중력에 의해 궤도를 무너뜨릴 위험이 크다고 하지요. 이 과학적 원리를 빌려, 감정의 균형이 맞지 않을 때, 혹은 스스로의 빛을 믿지 못할 때, 사랑이 얼마나 불안정해질 수 있는지를 표현하고자 했습니다. '라그랑주 궤도'는 두 중심체 사이의 중력이 평형을 이루는 지점인데, 시의 대상들은 마치 그 궤도 위에서, 자신의 중심성과 무게를 의심한 채 상대에게 중심을 넘기며 떠돌던 시기를 담고 있습니다. 결국 누군가는 태양을 그만두어야 안정이 찾아오는 것처럼, 이 시는 사랑의 균형과 자발적 양보, 그리고 감정의 중심을 내려놓는 선택에 관한 이야기입니다.

「주기율표」

이 시는 화학 원소의 주기율표에서 착안해, 사랑의 방식과 성향의 차이를 그려낸 시입니다. 리튬과 나트륨처럼 비슷한 성질을 지녔지만 서로 다른 주기에 속한 존재로서, 닮았으면서도 미묘하게 다른 반응의 차이를 말하고자 했습니다. 전자를 주고받는 비유는 정서적 교류를, '반응성'은 상대에게 얼마나 쉽게 흔들리는지를 뜻합니다. 결국 이 시는 과학의 언어를 빌려 감정의 비대칭성과 그 이해를 따뜻하게 풀어내고자 한 시적 실험입니다.

「결어긋남과 흰나비」

물리적으로는 멀어졌지만 감정적으로는 여전히 얽혀 있는 상태를, 양자역학의 '결어긋남' 개념에 빗대어 표현한 시입니다. '얽힘' 상태의 두 존재가 외부와의 상호작용 속에서 점차 분리되어 하나의 현실로 수렴되는 과정을 통해, 감정의 해체와 놓음을 그렸습니다. '존재하지 않으려는 치열함'은 오히려 관계의 마지막 파동이며, 진정한 자유는 그로부터 비로소 시작된다는 믿음이 담겨 있습니다. 이 시는 끝이 아닌 놓음의 시작에 대한 이야기입니다.